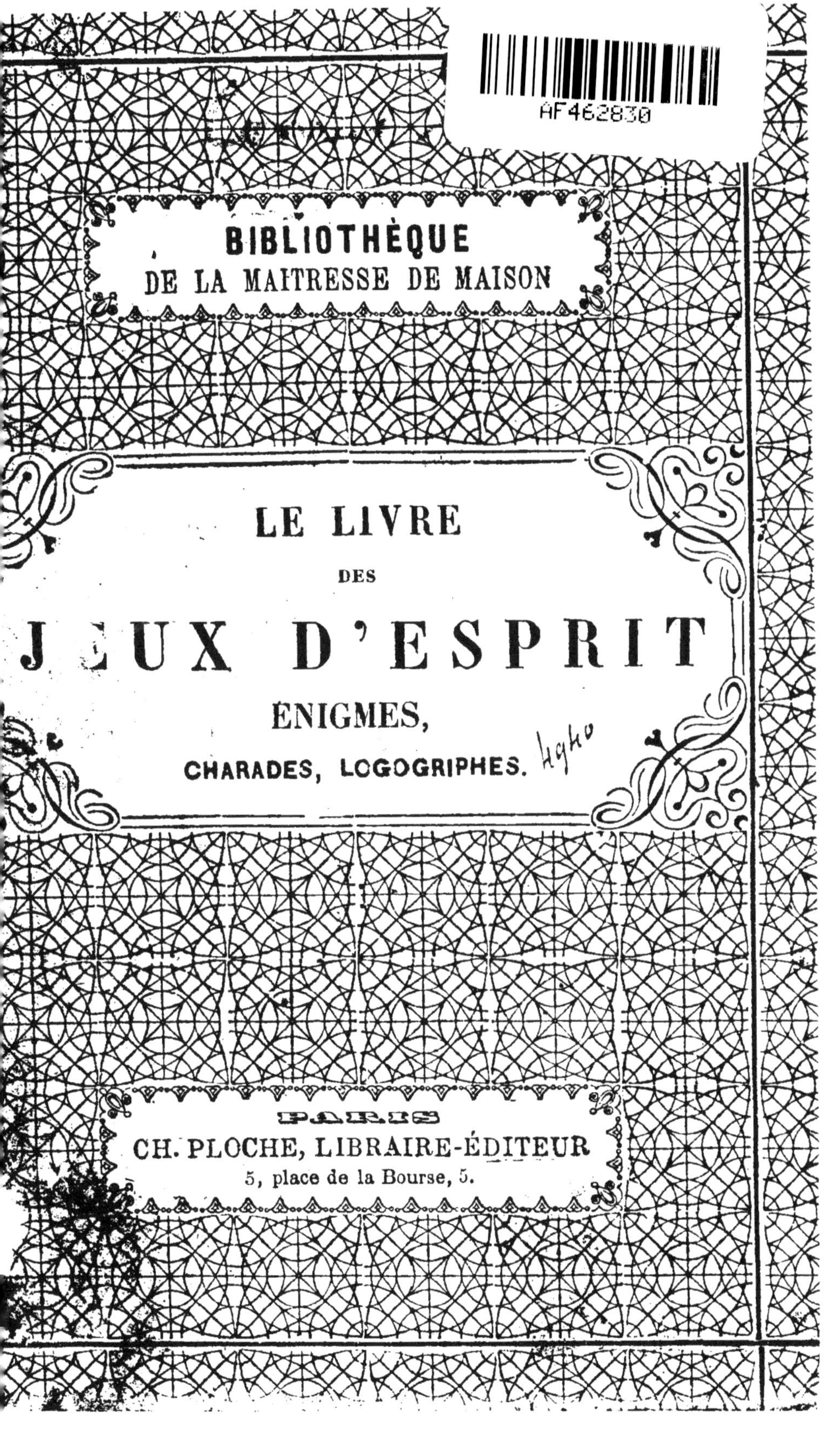

AF462830

BIBLIOTHÈQUE
DE LA MAITRESSE DE MAISON

LE LIVRE DES JEUX D'ESPRIT

ÉNIGMES, CHARADES, LOGOGRIPHES.

4940

PARIS
CH. PLOCHE, LIBRAIRE-ÉDITEUR
5, place de la Bourse, 5.

LE LIVRE

DES JEUX D'ESPRIT

Paris.—Imprimerie Bonaventure et Ducessois, 55, quai des Augustin

LE LIVRE

DES

JEUX D'ESPRIT

Énigmes, Charades, Logogriphes,

RECUEILLIS ET MIS EN ORDRE

AVEC UNE INTRODUCTION

PAR

FÉLIX MOUTTET.

PARIS

CH. PLOCHE, LIBRAIRE-ÉDITEUR

5, place de la Bourse.

Entre toutes les distractions qui ont le rare privilége de faire passer agréablement le temps, soit dans les longues veillées d'hiver, soit dans les douces soirées d'été, à l'heure où la famille réunie au coin d'un feu pétillant, ou sous de frais ombrages, goûte un repos paisible, noblement conquis par une journée de travail; entre toutes ces distractions, dis-je, on n'en saurait trouver de plus ingénieuse, de plus amusante et qui remplisse plus délicieusement ce but que celle des jeux d'esprit. Ce n'est donc pas une vaine récréation, comme l'ont prétendu plusieurs auteurs par trop rigoristes, que celle à laquelle tous les âges de la vie peuvent prendre part, qui excite et exerce la finesse de l'esprit sans le fatiguer, et lui procure cette satisfaction charmante de l'attrait attaché à toute découverte qu'il peut espérer faire; aussi M. de Jaucourt dans un article de l'*Encyclopédie*, traitant ces aimables jeux de puérilités, a-t-il mérité, selon nous, les réflexions pleines de goût et de raison que Marmontel lui adressa en réponse à ses dédains.

Toutefois, sans donner aux Énigmes, Charades et Logogriphes une importance considérable, peut-être n'est-il pas inutile de rappeler en quelques mots l'historique de ces piquants exercices de l'intelligence, qui eurent pour créateurs des hommes illustres de tous les pays et de tous les temps.

En première ligne se présente l'*Enigme*, laquelle est, selon Marmontel, une définition de choses en termes vagues et obscurs, mais qui, tous réunis, désignent exclusivement leur objet commun, et laissent à l'esprit le plaisir de le deviner. Le berceau de l'Enigme remonte à la plus haute antiquité, et il est généralement admis que la plus ancienne est celle du Sphinx, résolue par OEdipe, ce qui fut pour lui un titre de gloire. Esope s'acquit également une réputation universelle par les Enigmes qu'il devina et par celle qu'il fit pour le roi Necténabo. Du reste, tous nos livres sacrés sont pleins d'Enigmes ; on en compte soixante-douze dans les prophéties d'Isaïe; trente-quatre dans celles de Jérémie ; douze dans Ezéchiel, l'Apocalypse, etc. Le véridique Planude nous apprend que les rois d'Orient, et notamment le grand Salomon et le prince tyrien Hyram, entretenaient un échange continuel d'énigmes ingénieuses. On cite encore Nicausis, reine de Saba, qui, lorsqu'elle vint triomphalement visiter Salomon, ne le fit uniquement que pour le tenter avec des Enigmes; mais malgré la finesse exquise et délicate des dames, celles de la belle princesse furent toutes devinées.

Les Grecs faisaient également leurs plus chères délices des jeux d'esprit. C'était pendant et après le souper qu'ils se livraient à la solution de ces attrayants problèmes. Leurs plus fameux auteurs ainsi que ceux des Latins, Homère, Sénèque, Athénée, Cléoborè, Archiloque, Théognis, Sapho, Cicéron, Virgile ont consacré de précieux instants à cette occupation agréable. Aussi, vers le commencement de notre ere, on était devenu si habile dans ces sortes d'amusement, qu'aucune difficulté n'était invulnérable. C'est du moins ce que laisse à penser saint Paul, si l'on s'en rapporte à ce qu'il écrivait alors aux Corinthiens : « Nous ne trouvons plus d'énigmes indéchiffrables. »

Nous avons vu toute la valeur que les Anciens accordaient aux jeux d'esprit : ajoutons que les plus glorieuses illustrations littéraires de la France, particulièrement celles des 17e, 18e et 19e siècles, n'ont pas dédaigné de s'en occuper. Ainsi, Fénelon dans *Télémaque* et Voltaire dans *Zadig* font adjuger des trônes pour des Enigmes bien devinées. Le savant La Condamine avouait qu'il avait fait pendant quarante ans une étude sérieuse de l'art des Enigmes. On sait que d'Alembert et d'Argental ne pouvaient dormir avant d'avoir deviné celle du *Mercure de France*. D'autres génies non moins remarquables : Boileau, Marmontel, J.-J. Rousseau, Houdard de la Motte, l'abbé Blanchet, le jésuite Porée, le Père Ménétrier, le fameux abbé Cotin, surnommé le père de l'Enigme, et enfin Mme de Genlis, ont composé de charmantes choses dans ce genre. Le 18e siècle si rayonnant dans les fastes littéraires, porta l'Enigme au plus haut degré d'intérêt : c'est ce qui explique la violente colère et l'indignation des Parisiens désappointés, le jour où le *Mercure* se permit d'insérer une énigme qui n'avait pas de mot. (*Voir page* 61, *Enigme* 73).

Après l'Enigme, vient le *Logogriphe*, d'origine

également fort ancienne. Le logogriphe participe de l'énigme en ce qu'il donne la définition laissée obscure à dessein d'un mot que le lecteur doit deviner. Sphinx et Protée, le Logogriphe décompose en tous sens le mot qu'il a choisi pour sujet, et après l'avoir trouvé, il faut encore en découvrir les diverses combinaisons. C'est, comme on le voit, un travail d'esprit qui n'est pas sans charme. La Condamine a calculé qu'il suffisait d'avoir un mot de sept lettres pour trouver 5,047 combinaisons. On a longtemps prétendu que ce fut dans le 2e volume du *Mercure* de décembre 1727, que parut le premier logogriphe français. L'auteur était un Angevin, le marquis de la Guesnerie, auquel un M. Le Cloustier, disputa cette priorité en juillet 1728. Mais ce qui détruit les prétentions de ces deux honorables champions, c'est un logogriphe de Dufresni, publié bien antérieurement à celui de ces Messieurs, et que le lecteur trouvera à la page 38 de ce livre.

Les Logogriphes, dans l'art desquels le père Porée excellait, étaient jadis une véritable occupation pour les partisans enthousiastes du *Mercure de France*, aux yeux desquels un logogriphe sans défauts avait tout le mérite attribué par Boileau au sonnet.

Enfin, la *Charade*, qui est le dernier des jeux d'esprit, n'est guère connue que depuis un siècle. M. Beauzée, de l'Académie française, l'a définie ainsi : « Une espèce de logogriphe qui consiste dans « la simple division d'un mot en deux ou plusieurs « parties suivant l'ordre des syllabes, de manière « que chaque partie soit un mot exprimant un sens « complet. Les mots composés, tels que chèvre-« feuille, arc-en-ciel, etc., ne sont point admis « dans la règle des charades. »

De même que l'Enigme et le Logogriphe, la Charade a eu aussi ses illustrations littéraires ; mais elle est d'invention trop récente pour que nous fassions l'injure à nos lecteurs de leur révéler des noms qu'ils connaissent beaucoup mieux que nous.

D'après ce qui précède, on a pu juger de l'importance qu'ont eue, dans les distractions de la vie, les jeux d'esprit dont nous venons de tracer le rapide historique. Qu'il nous suffise d'ajouter que, semblables à ces liqueurs précieuses qui augmentent de valeur en vieillissant, ces aimables et piquantes récréations sont bien plus encore aujourd'hui que par le passé une source inépuisable d'intérêt et de plaisir pour tous les âges comme pour toutes les intelligences.

FELIX MOUTTET.

LE LIVRE

DES

JEUX D'ESPRIT

Charades.

CHARADE 1.

De mon premier je fais un substantif,
Et mon second le suit comme adjectif.
Que si l'ordre inverse nous tente,
A notre gré suivons la variante :
Au substantif élevons le dernier ;
Si l'adjectif peut le qualifier,
En échange qu'on le présente
A qui fait et vend mon entier.
Il nous l'offre soudain, le vante
Pour mon dernier, pour mon premier ;
Mais prenons garde qu'il ne mente.

Madame la marquise de Cl....y.

CHARADE 2.

Mon premier dans les airs lève sa noble tige ;
Mon second s'y propage, et mon tout y voltige.

M. de L'Homandie.

CHARADE 3.

Si tu veux être heureux et bien reçu partout,
Ne sois ni mon premier, mon second, ni mon tout.

CHARADE 4.

De mon premier, dans un ménage,
On craint la présence et la dent ;
Au contraire, on y fait usage
De mon second à chaque instant.
Quand le printemps à la nature
Rend ses charmes toujours nouveaux,
Mon tout achève la parure
De ces jolis sentiers qu'ombrage la verdure,
Et dont l'art de Lenôtre embellit nos coteaux.

Par une dame.

CHARADE 5.

L'éclat de mon premier par mon second s'efface ;
Volontiers de mon tout chacun se débarrasse.

CHARADE 6.

Mon premier t'achemine et lentement et vite
Où t'appelle une affaire, où t'invite un plaisir :
L'âge, une infirmité, viendront le ralentir,
Et te forcer, lecteur, à rester en ton gîte.

Mon second assez rare a le double mérite,
De toujours bien penser, de toujours bien agir ;
Jamais avec ses jours ne s'éteint sa mémoire :
Dans les annales de l'histoire
Il renaît pour ne plus mourir.

De l'active industrie étalant la richesse,
Mon fastueux entier, où le public se presse
Et souvent ne peut faire un pas,
Fut jadis, pour sauver la Grèce,
Teint du sang de Léonidas.

M P. J. Charrin.

CHARADE 7.

Mieux que le plus hardi couvreur
Mon premier sur un toit s'élance avec courage ;
Et mon second, fléau dévastateur,
Va jusque sur les toits exercer son ravage ;
Mon tout à la ville, au village,
Élève avec orgueil son toit dominateur.

CHARADE 8.

Mon premier n'a jamais connu la résistance ;
Sur la peau mon second nous plaît par sa blancheur ;
Mon tout marche très-vite et jamais il n'avance :
C'est un mauvais voisin, toujours bruyant, grondeur,
Mais toujours occupé de notre subsistance.

CHARADE 9.

A l'égard de mon dernier ,
Mon entier fait mon premier.

CHARADE 10.

On passe mon premier, mon second est passé ;
Mais de trouver mon tout on est embarrassé.

M. DE MEUDE-MONPAS.

CHARADE 11.

De mon premier l'espèce infiniment varie ;
Une seule produit un travail précieux.
Ainsi qu'un chêne altier, l'herbe de la prairie
Dirige mon second vers la voûte des cieux.
Dès qu'un peuple est conduit par des séditieux,
Il offre de mon tout l'effroyable copie.

CHARADE 12.

Au bord d'un clair ruisseau si mon tout vous arrête,
Amusez-vous à cueillir mon dernier,

Sans aller contre mon premier
Follement vous casser la tête.

CHARADE 13.

Dans la gamme aisément mon premier s'offre aux yeux ;
De mon second, lecteur, j'aime le vert feuillage,
Et mon tout, vain jouet des badauds curieux,
Se rencontre perché sur un triste équipage.

CHARADE 14.

Qui tourmente Médor ? il jette mon premier.
Sans doute mon second l'aura pris par l'oreille.
Deviner qui je suis n'est pas une merveille :
Mais être qui je suis est un vilain métier

CHARADE 15.

Lecteur, si vous savez votre géographie,
Un château-fort en Picardie
Est mon premier.
Un élément trompeur, nécessaire à la vie,
Qui, dans sa noire perfidie,
A bien des gens l'aura ravie,
Est mon dernier.
Heureux les jours du sage qu'on oublie !
Il les passe sans peur, sans remords, sans envie,
Dans mon entier.

CHARADE 16.

Mon premier plait aux yeux par sa verte parure ;
Au Palais, mon second parfois gronde et murmure ;
Mon tout est dans nos mœurs, et non dans la nature.

M. le marquis DES SIX-TOURS

CHARADE 17.

Mon premier, adjectif, convient également
A l'homme, à l'animal, au meuble, à l'instrument ;
Mon dernier est fatal, précieux, dommageable,
Hardi, désespéré, bon, mauvais, profitable,
Utile, dangereux, mais en voilà beaucoup !
Pourtant d'un seul adverbe est composé mon tout.

CHARADE 18.

Enfant du luxe et de l'orgueil,
Mon premier va comme on le mène,
Et mon second en demi-deuil
Jase souvent à perdre haleine.
Mon tout se plaît à l'hôpital,
Aux champs de Mars est nécessaire,
Et guérit quelquefois le mal
Que le point d'honneur a fait faire.

CHARADE 19.

L'eau dont s'abreuve mon premier
Le rafraîchit et le féconde ;
Chacun sur la machine ronde
Se distingue par mon dernier,
Et reçoit toujours mon entier
Quand il arrive dans ce monde.

CHARADE 20.

Mon premier, dans vos jeux, sert à vous divertir ;
Mon second, à monter sert ainsi qu'à descendre ;
Et mon tout, chez les grands, qu'on veut toujours surprendre,
Fait aller l'intrigant, qui n'y fait que mentir.

Madame la comtesse de Beauharnais.

CHARADE 21.

Chez le peuple romain, aux beaux jours de sa gloire,
On a vu mon premier, de pompe environné,

Servir souvent à rendre, après une victoire,
Les honneurs du triomphe aux héros décerné.
D'un bon cœur mon dernier annonce la présence...
Et de crainte, lecteur, que tu ne cherches mal,
Apprends que dans les champs mon tout prenant naissance
Est le mets favori d'un stupide animal.

ARBELIN.

CHARADE 22.

Si mon premier est cher, mon second l'est aussi ;
Mais pour trouver mon tout, il faut le faire ici.

H. L.

CHARADE 23.

Mon premier pris aux fleurs devient miel ou bougie ;
Mon second, cher lecteur, est toujours en procès.
—Bon; c'est quelque Normand?-Non.-C'est donc la Régie?
—Point; mon tout, en tout genre, est le lot du Français.

CHARADE 24.

Flexible, souple en mon premier,
Je rampe, me replie et pique,
Douce et fraîche dans mon dernier,
Je tempère l'humeur bachique;
Tout plein de feu, dans mon brillant entier,
Je vole ou tombe en ligne oblique.

M. BONNARD, *ancien militaire*.

CHARADE 25

Dans leurs jeux, leurs combats, portés sur mon premier,
Les Romains volaient à la gloire :
Du méchant qui voudrait opprimer mon dernier,
Périsse à jamais la mémoire!
Un subtil élément dévore mon entier :
Voilà la fin de mon histoire.

CHARADE 26.

En musique eussiez-vous le plus modeste titre,
Dans la gamme aisément vous trouvez mon premier.
Tel démancheur guindé sur son pupitre,
Croyant faire mon tout, fait souvent mon dernier.

CHARADE 27.

Mets excellents dans mon premier
Sont bien accueillis sur ma table ;
Buveur joyeux, j'ai de ma table
Dès longtemps banni mon dernier ;
Au dessert, toujours mon entier,
Chargé de fleurs, orne ma table.

Hilaire L. S.

CHARADE 28.

Mon premier invite au repos,
Et mon second peut inviter à boire :
Mon tout, sur les pas d'un héros,
Conduit souvent les Français à la gloire.

CHARADE 29.

Mon premier, moissonné dans la force des ans,
A notre souvenir laissa des airs charmants ;
Mon second sert d'escorte aux poulardes du Maine,
Et préside aux festins que l'on donne en Lorraine :
Chaulieu, Vadé, Chapelle, et Panard et Piron,
D'être mon tout, lecteur, ont acquis le renom.

CHARADE 30.

Mêlant sa voix divine aux sons de sa guitare,
Le prophète David a chanté mon dernier :
En faisant mon premier quelquefois on s'égare ;
On s'égare toujours en suivant mon entier.

CHARADE 31.

Mon premier offre un insecte rampant,
Et mon second maint être sautillant,
Maint élégant, dansant, valsant;
Mon tout est l'ordre qu'un pédant,
Le juge, le bailli, l'huissier, ou le sergent,
Intime au pauvre délinquant.

CHARADE 32.

Mon premier, mon second, ainsi que mon entier.
Sont trois empires de l'Asie;
Si de les parcourir il te prend fantaisie,
Lecteur, crois-moi, désigne un héritier;
Qui voyage, il est vrai, peut illustrer sa vie;
Mais il fait à coup sûr un dangereux métier.

CHARADE 33.

Mon premier, au printemps, se couvre de verdure;
Sur mon second sont peints les sentiments du cœur;
Et mon tout, d'un ouvrage, ordinaire parure,
Ne fait assez souvent qu'endormir le lecteur.

CHARADE 34.

Personne encor n'a vu mon premier raboteux;
On tourne quelquefois mon second avec grâce;
Mon tout, œuvre sublime, est l'ouvrage des dieux,
Et le tout fut toujours renfermé dans l'espace.

M. le B. DE P.

CHARADE 35.

Aux chances du premier est bien fou qui se fie;
Chacun vers mon dernier va toujours en avant,
Et mon entier dans le monde souvent.
Décide du sort de la vie.

J. DE B.

CHARADE 36.

En triomphe dans Rome un généreux guerrier
Entre d'abord sur mon premier.
Il parcourt mon second, et puis d'un air tranquille
Il va rejoindre mon entier,
Trouvant que ce dernier métier
Était tout aussi noble et beaucoup plus utile.

M. DE LOUBAISSIN, *chevalier de Saint-Louis.*

CHARADE 37.

Le pilote ignorant dans l'art de mon second
Cherche en vain mon premier pour éviter l'orage ;
Et mon tout, au retour de la belle saison,
D'abord montre ses fleurs, ensuite son feuillage.

CHARADE 38.

Chez les Grecs autrefois de nombreux spectateurs
Admiraient mon premier dans sa course rapide.
De mon second les attraits séducteurs
Touchent souvent une âme où la vertu réside,
Et pour lui rarement, de ma troisième part,
Met-on en jeu le négatif usage.
Dans mon dernier, toujours fait avec art,
A l'être libre on donne l'esclavage,
Soit sur la terre, ou dans l'air, ou dans l'eau ;
Et mon entier, charmant petit oiseau,
Par son emploi, peut se trouver en cage.

CHARADE 39.

Mon premier, mon second, sont en tout ressemblants,
Et mon tout dans Paris ressemble à bien des gens.

CHARADE 40.

Certaine tige assez menue
Fléchit parfois sous mon premier;

Unité longtemps méconnue
S'offre au lecteur dans mon dernier ;
Si la pointe de mon entier
Blesse, jamais elle ne tue.

CHARADE 41.

Mon premier a sur six faces
Nombre d'yeux noirs et luisants ;
Mon dernier se voit céans
A trois différentes places ;
Mon entier, par ses grimaces,
Fait peur aux petits enfants.

CHARADE 42.

Connaissez-vous ces plaisirs que l'hiver
Voit commencer quand il ne fait plus clair ?
Mon premier est du nombre.
Connaissez-vous le jeu du corbillon
Et toutes ces rimes en *on* ?
Mon second est du nombre.
Connaissez-vous, pour abréger,
Tous les moyens de voyager ?
Mon entier est du nombre.

CHARADE 43.

Heureux qui loin de mon premier
Vit en paix dans son humble asile !
Heureux qui sait de mon dernier
Faire un emploi toujours utile !
Heureux, enfin, celui que mon entier
Soutient et fortifie
Contre les maux nombreux de cette triste vie.

H. L.

CHARADE 44.

Pour chercher mon premier tu cours jusqu'à la Chine ;
Au sein de tes foyers tu trouves mon second ;
Pour monter sur mon tout, souvent un lourd Pradon
De son maigre Pégase a fatigué l'échine,
Et n'a remporté qu'un affront.

CHARADE 45.

A Madame M*, le jour de sa fête.**

Source de tous les maux, idole des humains,
Mon premier à tes yeux étale en vain ses charmes ;
Il n'est cher à ton cœur que lorsque par tes mains
Il passe à l'indigent et va sécher ses larmes.
Soutien de la vertu, mon second, jour et nuit,
Veille sur ton bonheur, à tes bienfaits préside ;
Et mon tout, pour ta fête, aimable *Adélaïde*,
Te réserve la fleur dont il est l'heureux fruit.

M. LE GRAND, *ancien directeur de l'imprimerie de la reine.*

CHARADE 46.

Mon premier, dans les mains de la docte Uranie,
Mesure hardiment et la terre et les cieux ;
Et mon dernier dans les plaines d'Asie
Levait jadis un front audacieux.
Mais aujourd'hui dans la poussière
Il incline son front altier,
Et sa splendeur, si célèbre naguère,
N'excite plus que mon entier.

CHARADE 47.

A mon premier sans chef qu'on joigne mon second,
D'un amiral anglais j'offre l'illustre nom ;
Mon second joint à mon troisième
Vaut quelquefois, dit-on, autant qu'un long poëme ;
Et mon entier, véritable étourneau,
Ne se plaît qu'à siffler : auteur, crains cet oiseau.

CHARADE 48.

J'ai, sous un même nom, trois attributs divers :
Je suis un instrument, un poëte, une rue :
Rue étroite, je suis des pédants parcourue ;
Instrument, par mes sons je charme l'univers ;
Rimeur, je l'endors par mes vers.

M. François (*de Neufchâteau*).

CHARADE 49.

Joyeux enfants, disciples de Momus
Sur mon premier souvent vos fredons se cadencent ;
Et maints auteurs qu'emporte leur Phébus,
Flattent par mon dernier les puissants qu'ils encensent.
De mon entier alors ils offrent ce défaut
Qui rend l'homme d'esprit parfois l'égal d'un sot.

CHARADE 50.

Homme, femme, oiseau, vase, ou bouteille, ou burette,
Insecte ou quadrupède, ont chacun mon premier ;
Voyez comme l'on cloue avec soin mon dernier,
A Bagnolet, Montreuil, où le fruit d'espalier
Donne au propriétaire une fortune honnête.
Au parc ou dans la rue, à la cave, au grenier,
Au milieu de la foule, ou bien dans la retraite,
Il faut être au moins deux pour faire mon entier.

Logogriphes.

LOGOGRIPHE 1.

Semblable à l'univers, semblable à la nature,
Je recèle en mon sein mille divers objets
De toute espèce et de toute figure :
Les uns beaux, et les autres laids.
En France j'ai sept pieds, et n'en suis pas plus leste :
Coupez les deux premiers, si tel est votre goût,
Et vous verrez que souvent ce qui reste
Est sous la garde de mon tout.

M. le duc DE NIVERNOIS.

LOGOGRIPHE 2.

Lecteur, sur trois pieds seulement
Je t'offre un bruyant instrument,
Un mal qu'on endure avec peine,
Un écueil qu'on fuit prudemment ;
Sur deux pieds, ce métal dont chacun sûrement
Voudrait avoir sa poche pleine.

M. A. DE CHAMPCOUR.

LOGOGRIPHE 3.

De deux muses, lecteur, je suis l'enfant bâtard :
Le fou, le sage, le vieillard,
Le jeune homme, la tendre mère,
En me voyant versent des pleurs,
Et me quittent souvent pénétrés de douleurs ;
Sans tête, un bras nerveux me tient à la galère.
Rends-moi mon chef, coupe mon second pié,
Je me métamorphose en dame.
Supprime-les tous deux, ô douleur ! ô pitié !
Il ne me reste plus que l'âme.

M. LE BAILLY.

LOGOGRIPHE 4.

Souvent, de mes six pieds, je produis la fureur,
Quelquefois la tendresse ;
Avec quatre, on me voit désarmer la fureur,
Exciter la tendresse ;
Au contraire, avec trois, je ne suis que fureur,
J'éloigne la tendresse ;
Et j'existe avec un au sein de la fureur,
Au sein de la tendresse.

M. Berger.

LOGOGRIPHE 5.

En langage logogriphique,
Combien font cent cinquante, et puis rien, et puis six ?
Certes ! qui sait l'arithmétique
Ne doit pas rester indécis ;
Le cas n'est pas problématique,
Mais pourtant ce seul numérique
Ne suffit pas pour savoir qui je suis.
Ajoutez donc à ce calcul magique
Le caractère alphabétique
Qu'on trouve entre l'R et le T.
C'est l'S. Oui, la place l'indique.
Eh bien ! dites-le-moi, qu'en est-il résulté ?

M. de Somer.

LOGOGRIPHE 6.

Je suis un mot très-court, mais peut-être l'unique
Qui soit, au choix de l'écrivain,
Substantif, adjectif, masculin, féminin,
Sans rien changer à ma fabrique.
Des différents objets que par un même son
J'offre à l'esprit, voici l'énumération :
Dans le sens le plus en usage
Je suis oiseau, c'est mon moindre avantage.
Ce qui vaut mieux, je vous rappelle un saint
Martyrisé sous Antonin.

Lorsque pour adjectif à quelque œuvre on m'assigne,
D'un bon chrétien je la rends digne.
Ce n'est pas tout, mon cher lecteur,
Il faut me voir à présent sur le trône
Revêtu de la suprême grandeur,
Et le front ceint d'une triple couronne.

LOGOGRIPHE 7.

Sur cinq pieds je suspends les malheurs des humains ;
Sur quatre je deviens l'emblème
De la gloire, des biens, de la grandeur suprême ;
Et sur trois, le démon, usant de stratagème,
Me fit tremper jadis dans ses mauvais desseins.

LOGOGRIPHE 8.

Dans mes sept pieds, lecteur, je t'offre un aliment,
Qui fait, en maigre, assez bonne figure :
Ma tête à part, je suis un vêtement
Qui d'un prélat rehausse la parure.
Rends-moi ma tête, et mets ma queue à bas,
Alors en moi tu trouveras
Un ustensile
Dans ta cuisine fort utile ;
Enfin, veux-tu l'emblème d'un cœur dur ?
Tranche-moi tête et queue, et tu l'as à coup sûr.

LOGOGRIPHE 9.

Je suis souvent un bien et quelquefois un mal ;
On me vante parfois et parfois on m'outrage :
Propice à quelques-uns, à tel autre fatal ;
A ma loi je soumets le fou comme le sage.
Transpose un de mes pieds je change de destins :
J'élève jusqu'aux cieux ma voix et mon hommage,
Et chante les vertus de la Vierge et des Saints.

LOGOGRIPHE 10.

Lorsque je suis belle et brillante,
Je puis flatter l'orgueil de l'homme fastueux ;
Mais retournez mes pieds, dorée, appétissante,
A l'écolier friand je dois plaire encor mieux.

LOGOGRIPHE 11.

Éprouve-t–on une douleur subite ?
Est-on pressé, froissé, suffoqué de chaleur ?
Soudain chacun me prononce de suite.
De mes trois pieds, l'un d'eux changé, lecteur,
Et replacé de queue en tête,
Me donne un sens tout différent ;
Alors je suis cet être divaguant,
Se croyant roi, sophi, sultan, prophète,
Suivant son idée et son goût.
Enfin, dans certain jeu, l'on me place debout.

LOGOGRIPHE 12.

Des ports de la Hollande ou de ceux d'Angleterre
Je sors avec cinq pieds, monté par un corsaire
Qui poursuit, attaque et détruit
Sans pitié son faible adversaire.
Je puis changer de genre, et devenir un fruit
Qu'un petit arbrisseau produit.
Frais, on ne me conserve guère ;
Mais dans le vinaigre confit
On peut me transporter jusqu'au bout de la terre.

LOGOGRIPHE 13.

Je suis brillant, je vous éclaire ;
Ma tête à bas je ne suis rien.
Hélas ! mes amis, je plains bien
Le malheureux, le pauvre hère
Qui n'a plus que moi pour tout bien.

LOGOGRIPHE 14.

Le gros animal que je suis !
Je veux offrir un doute à la raison humaine,
Et je dis bêtement qu'un de mes pieds démis,
Chacun peut m'avaler sans peine.

LOGOGRIPHE 15.

Je suis à certains jeux sur deux pieds nécessaire ;
Sur trois on peut me voir imprimé sur la terre ;
De plus, j'offre le nom d'un pontife éminent ;
Une mesure agraire, et puis un élément :
Sur quatre, un animal utile au labourage,
Qui, mis au rang des dieux, du Nil reçut l'hommage ;
L'emblème de Phébus réfléchi dans les cieux ;
Le pays habité par nos premiers aïeux.
Sur cinq, des Gobelins j'étends la renommée ;
J'orne d'un souverain la tête vénérée ;
Le nom d'une cité rendez-vous des beaux-arts ;
Celui qui d'Ilion fit tomber les remparts.
Sur six pieds autrefois je n'étais qu'un vain titre ;
Mais une auguste loi des lois m'a fait l'arbitre ;
Gravée au fond des cœurs, idole des Français,
J'inspire le génie ainsi que les hauts faits.
On trouve encore en moi, pour peu que l'on s'exerce,
Un brigand patenté, la terreur du commerce.
Si dans tous ces détails tu ne m'as pas saisi,
Lecteur, en quatre mots je vais me peindre ici.
Je renferme neuf pieds, les friands à toute heure
Viennent me visiter en foule en ma demeure ;
Mais si par fantaisie on en déplace deux,
J'orne l'humble boutique et le palais pompeux.

LOGOGRIPHE 16.

Sans moi l'homme ici-bas ne serait pas heureux :
Je déride son front et j'anime une fête ;
Mais je deviens, lecteur, si vous m'ôtez la tête,
Un être sot, lourd, ennuyeux.

Et cependant c'est à ma vigilance
Que les Romains durent leur délivrance.

M. Saint-Cyr.

LOGOGRIPHE 17.

Jadis je faisais des miracles ;
Mais, par un régime nouveau,
On ne croit plus à mes oracles,
Et je languis près d'un trumeau,
Dans un boudoir, sur une porte,
Dans les plis nombreux d'un rideau,
Sur les murs d'une place forte,
Et dans le contour d'un chapeau.
Le Russe me trouve assez beau,
Le Musulman fort détestable,
Et le Suisse si misérable,
Qu'il ne me souffre qu'au poteau.
Veux-tu, lecteur, me reconnaître,
Sans t'alambiquer le cerveau,
De ce que je suis ou puis être,
Produit de la terre ou de l'eau ?
Par le milieu tranche mon être,
Et fais-en juste deux morceaux.
Souffle dans l'un ; sa voix perçante
Portera soudain l'épouvante
Parmi les ours ou les taureaux :
Si ton âme est compatissante,
Répands l'autre sur les hameaux
Que la nécessité tourmente.

M. Bonnard, *ancien militaire*.

LOGOGRIPHE 18.

Je passe sur dix pieds une bien triste vie ;
Coupez-m'en trois, lecteur, je vous en prie,
Je n'aurai plus le mal que je porte en tous lieux,
Et par ce moyen-là vous me rendrez heureux.

LOGOGRIPHE 19.

Messieurs les amateurs, je vous le donne en cent :
Vous aurez beau retourner ma figure,
Je mettrai votre esprit, je crois, à la torture,
Et saurai me soustraire à votre œil clairvoyant.
D'abord, avec huit pieds, je suis de forme ronde ;
Pour son commerce, utile au laboureur ;
Je reçois en mon sein un des trésors du monde,
Et, selon les endroits, je change de grandeur.
Par ma variété j'embellis la nature,
Si l'on m'ôte le chef, ensuite le milieu ;
Avec plaisir on me voit en tout lieu,
Soit pour m'entendre, ou bien pour ma parure.
De huit ôtez-en trois, il restera cinq sœurs
Dont il n'est pas aisé de pouvoir faire usage ;
J'en vois trois pourtant à la nage
Qui du repos augmentent les douceurs.

M. Prévost de Montigny.

LOGOGRIPHE 20.

Même consonne à chaque bout ;
Diphthongue au beau milieu, mais, selon moi, voyelle ;
Diphthongue prétendue, ainsi, moi, je t'appelle,
Et puis c'est tout.

M. Lebrun.

LOGOGRIPHE 21.

Mes six pieds rappellent, lecteur,
Bossuet et son éloquence ;
Réduit à cinq, j'offre au pécheur
Un instrument de pénitence ;
Sur quatre, utile au moissonneur,
Je suis encore ville en France ;
Sur trois, je peins la violence
De l'homme en sa mauvaise humeur ;

Avec deux, j'ai ma résidence
Dans la gamme, au gré du chanteur ;
Quant au dernier, c'est un malheur,
Mais en lui finit l'espérance.

LOGOGRIPHE 22.

Avec mon chef je suis une prison ;
Sans mon chef, de tes jours je deviens la mesure,
Et par moi de la vie on règle la saison ;
Si de mon chef tu changes la figure,
Je change avec lui chaque fois.
Je suis avec un G le sceau d'une promesse ;
Avec un M on me vit autrefois
Me prosterner au pied du Roi des rois.
Avec un N et quelque peu d'adresse
Je pourrai te sauver au fort de la détresse.
Avec un P chacun connaît mes tours ;
Avec un R évite mon délire ;
Avec un S on me verra t'instruire :
Mes leçons t'offrent des secours
Contre les peines de la vie.
Enfin avec un T j'arrose dans mon cours
Les champs de la Lusitanie.

LOGOGRIPHE 23.

Je réveille
A merveille
Un petit
Appétit.
Que l'on mette
Bas ma tête,
En oiseau,
Gros et beau,
Chose étrange !
Je me change.

M**.

LOGOGRIPHE 24.

Avec mes quatre pieds je ne connais personne
Qui veuille se charger de moi ;
Chacun sans balancer à son prochain me donne,
Et me rejette loin de soi.
Mais si vous me coupez et la queue et la tête,
Qui chez moi ne diffèrent pas,
Chacun me fait alors l'accueil le plus honnête :
On me prise et l'on plaint celui qui ne m'a pas.

LOGOGRIPHE 25.

Quand je raisonne creux, je suis plus d'une fois
La dernière raison des peuples et des rois ;
Alors que j'ai six pieds on tremble à mon approche ;
Sur deux, avec plaisir, on me met dans la poche ;
Sur quatre, quel sublime emploi !
Le monde est partagé par moi ;
Sur quatre encor, je suis moins que la moindre chose,
Et je suis aussi plus que dix ;
Sur cinq, en de lointains pays,
On sait trop quels tourments, quels travaux je m'impose ;
Pour être admiré des benêts
Sur trois je ne suis pas mauvais ;
Mais je reprends cinq pieds pour borner cet ouvrage :
Le lecteur attentif me voit d'ici, je gage.

LOGOGRIPHE 26.

Que diversement on arrange
L'ordre de mes cinq éléments ;
Alors cinq fois la scène change,
On voit cinq objets différents :
Une ville chère aux gourmands,
Qui n'est pas loin de la Garonne ;
Un meuble commode en hiver ;
Ce qu'on jette au fond de la mer,
Sans faire de tort à personne ;

Un ornement que le hasard
A fait trouver au sein de l'onde ;
Ce que deviendra tôt ou tard
La plus belle tête du monde.

Madame *Pauline* S. A.

LOGOGRIPHE 27.

J'instruis tous les humains ; si tu coupes ma tête
Je n'ai plus de raison, et suis pis que la bête.

LOGOGRIPHE 28.

Je suis un animal ; sa maison ; un empire.

LOGOGRIPHE 29.

Sur mes huit pieds, lecteur, je suis du masculin,
Et la fidélité souvent me sert de guide.
Ote les deux derniers, je serai féminin ;
Et la France, aux combats, me voit de gloire avide.
Sur cinq pieds, je suis masculin,
De fleurs je sais embellir ton langage.
Sur quatre pieds je deviens féminin,
Et te couvre le corps ainsi que le visage.
Sur quatre aussi, je suis du masculin,
Lorsqu'il fait froid tu me fais bonne mine;
Sur quatre aussi, je suis du féminin,
En rond toujours je me termine ;
Et sur quatre, encor masculin,
Lecteur, qu'à la fin j'importune,
Ne va pas me faire à la lune.

LOGOGRIPHE 30.

Dieu, tout puissant qu'il est, seul ne peut me former ;
Il lui faut un second. Lecteur, pour me trouver,
A me chercher longtemps il faut que tu t'apprêtes :
Je marche sur neuf pieds, et je porte deux têtes.

LOGOGRIPHE 31.

Pour me former il faut du feu :
Avec cinq pieds je suis fragile,
Avec quatre je suis un jeu,
Avec trois une plante utile,
Avec deux un pronom, avec un seul je suis
Le nombre de mes pieds multipliés par dix.

LOGOGRIPHE 32.

Je suis du haut en bas maître de l'univers,
Je fus du bas en haut la maîtresse du monde,
Seul j'ai su célébrer par de sublimes vers
Mon empire éternel sur la mer et sur l'onde,
Et seul, portant mes pas dans cent climats divers,
Par le fer et le feu jadis j'ai pu détruire
Les plus sublimes vers et le plus grand empire.

LOGOGRIPHE 33.

Attrape-moi, lecteur, je fais comme Protée,
Qui, pour se jouer d'Aristée,
Employait de son art les magiques ressorts,
Et changeait, à son gré, la forme de son corps.
Je commence : me voilà ville,
Ville plus belle que Séville ;
Pour me saisir redouble tes efforts.
Soudain je perds la moitié de moi-même ;
Mes quatre pieds se réduisent à deux,
Et je deviens un métal précieux,
Ou bien je finis le carême.
Lecteur, encore un changement :
Puisque tu veux m'avoir à toute force,
Je vais, dangereux élément,
Environner l'île de Corse.
Mais comment me soustraire au bras d'un bûcheron
Qui veut me livrer au charron ?

LOGOGRIPHE 34.

Avec six pieds je soigne tes habits,
Avec cinq pieds je fais triste figure,
Sur quatre pieds j'ai bien des favoris,
Avec trois pieds je suis des plus hardis,
Avec deux pieds j'encourage à l'usure,
Et sur un pied je suis dans tes écrits.

LOGOGRIPHE 35

Mes quatre pieds font tout mon bien ;
Mon dernier vaut mon tout, et mon tout ne vaut rien.

M. Th. M.

LOGOGRIPHE 36.

Lecteur, connais-tu la grammaire?
Je suis un substantif du genre féminin :
Ma première moitié compose la dernière ;
Avec cinq pieds on peut me traduire en latin.

LOGOGRIPHE 37.

Boileau, ce critique fidèle,
A sur moi remporté le prix ;
Car, en imitant mes écrits,
Il a surpassé son modèle.
Avec un léger changement,
Je fais dans les forêts tomber sous mon tranchant
Ces dômes orgueilleux qu'élève la nature ;
C'est à moi qu'un bosquet doit toute sa parure,
Car j'embellis les bois tout en les élaguant.
Un prince fameux dans l'histoire,
Alexandre le conquérant,
Contre moi s'est couvert de gloire
Et s'est acquis le nom de grand.

LOGOGRIPHE 38.

Sur mes cinq pieds, lecteur, je règne en Sibérie.
D'un million de héros j'ai terminé la vie ;
De mes fureurs bien loin d'implorer le pardon,
Je viens, accompagné du farouche aquilon,
Étendre sur tes champs ma main dévastatrice.
En vain, pour m'éviter, tu cours à l'artifice ;
Tu penses m'échapper ; efforts vains, superflus :
Ote mon cœur, je fus, et je n'existe plus.

LOGOGRIPHE 39.

Renverse-moi, lecteur ; et quand ton pauvre esprit,
Tout enveloppé d'un nuage,
Ne saurait distinguer le jour d'avec la nuit,
Tu n'y verras que trop, je gage.
Redresse-moi, le fanal luit ;
Cingle droit, ne va pas au port faire naufrage.

LOGOGRIPHE 40.

De quatre pieds, lecteur, mon tout est composé :
Je suis un fruit assez prisé ;
Mais je n'atteins mon mérite suprême
Qu'au moyen d'une qualité
Qui se nomme et s'écrit tout ainsi que moi-même,
Sans la moindre disparité.

M. N..., *d'Arras.*

LOGOGRIPHE 41.

Vous pouvez sans fatigue extrême,
Chers lecteurs, me décomposer :
Car je n'ai que six pieds ; sans y rien transposer.
Otez-moi le dernier, je suis toujours le même.
Otez-m'en deux encore, et sachez bien.
Qu'à ma nature ainsi vous n'avez changé rien.

LOGOGRIPHE 42.

Avec cinq pieds je suis fragile ;
Réduit à trois je suis rampant ;

Pour peu, mon cher lecteur, que vous soyez habile,
Vous trouverez en moi ce qu'on fait en dormant.

LOGOGRIPHE 43.

A mon aspect le plus hardi frissonne;
Déplace deux pieds, cher lecteur,
Riche attribut de la grandeur,
Les rois me portent sur le trône.

LOGOGRIPHE 44.

Sur quatre pieds, je suis audacieuse,
Vaine, pleine d'attraits, on m'offre des autels;
Et cependant je soumets les mortels
A mon humeur capricieuse;
Un pied de moins, je suis lyrique, harmonieuse,
Et je rendis Horace et Pindare éternels.

LOGOGRIPHE 45.

Fuyez, et loin de moi précipitez vos pas,
O vous tous, qui ne voulez pas
Ou rôtir ou vous battre!
Je brûle avec six pieds, et je perce avec quatre.

LOGOGRIPHE 46.

Autour de moi quelque soin qu'on se donne,
Pour être plus poli, je n'en suis pas moins dur;
Mais retranchez mon chef, vous aurez, j'en suis sûr,
De mes fleurs au printemps, de mes fruits en automne.

LOGOGRIPHE 47.

Je suis ce titre en plus d'un lieu trompeur,
S'il doit unir l'apparence à la chose,
De loin parfois il séduit plus d'un cœur;
De près, hélas! on s'en plaint, et pour cause.

Un pied de moins, il laisse un autre nom,
Partout donné sur la foi du langage ;
Mais, ici-bas, ce n'est qu'un beau renom,
Dont trop souvent on n'a jamais le gage.

LOGOGPIPHE 48.

Sur mes sept pieds marchant avec audace,
J'ai l'âme d'un despote et les traits d'un géant ;
Toujours j'aspire à la première place,
Et malgré tout cela, je ne suis que du vent.
Retranche-moi deux pieds, ma bruyante existence
N'est encor que du vent ; mais par un art heureux
Je résonne en l'honneur des héros et des dieux.
A deux pieds raccourci, mon pouvoir est immense :
e décide à mon choix ou la guerre ou la paix.
Un vil usurpateur dut à mon influence
Et son crédit et la puissance
De semer en tous lieux le trouble et les forfaits.

LOGOGRIPHE 49.

Pour aller me trouver il faut plus que ses pieds,
Et souvent en chemin on dit sa patenôtre :
Mon tout est séparé d'une de ses moitiés ;
La moitié de mon tout sert à mesurer l'autre.

LOGOGRIPHE 50.

Prenez un arbre, un élément,
Un des métaux, un sédiment,
Joignez-y ce que fait l'abeille,
Mêlez ensemble tout cela,
Bientôt un diable en sortira
Sans se faire tirer l'oreille.

LOGOGRIPHE 51.

Je suis utile à la toilette :
La femme la plus sage, ainsi que la coquette,

Le magot, le bel homme et même jusqu'au roi,
Par ton ou par besoin, tous se servent de moi.
Arrangeant mes huit pieds de certaine manière,
On y rencontrera l'égal du mot colère ;
Un arbre toujours vert;
Un volatile ; un fleuve d'Italie ;
Un bourg de Normandie ;
Un bon fruit de dessert ;
D'une espèce de pain je fournis la matière,
Et souvent celle de la bière;
Le synonyme de pays ;
Un nom qui nous est cher, respecté dans Paris ;
Enfin l'on trouve en moi le nom d'une rivière.
Me voilà trait pour trait ; cherche, ne cède pas :
Peut-être en ce moment tu m'as entre tes bras.

LOGOGRIPHE 52.

Sans user de pouvoir magique,
Mon corps, entier en France, a deux tiers en Afrique.
Ma tête n'a jamais rien entrepris en vain.
Sans elle en moi tout est divin.
Je suis assez propre au rustique
Quand on me veut ôter le cœur
Qu'a vu plus d'une fois renaître le lecteur.
Mon nom bouleversé, dangereux voisinage,
Au gascon imprudent peut causer le naufrage.

DUFRESNI.

Énigmes.

ÉNIGME 1.

Voici quel je suis à peu près :
Debout sur mille pieds je porte cinq cents têtes ;
Que de gens me donnent des fêtes
Pour me mettre en leurs intérêts !
De leur fortune alors je gouverne la roue :
Je mets la honte ou l'honneur sur leur front.
Qu'on me respecte et qu'on me loue,
Puisque j'ai dans mes mains et la gloire et l'affront.

HOUDARD DE LA MOTHE.

ÉNIGME 2.

Je suis le même que j'étais,
Et cependant j'ai cessé d'être.
L'anagramme me fait paraître
Le même en latin qu'en français.
Songez donc, pour me bien connaître,
A ce que je suis et je fus :
J'étais naguère et ne suis plus.
Dans peu je dois encore éclore :
Mon trépas commence au matin,
Et comme je tiens à l'aurore,
Vous pourrez me nommer demain.

ÉNIGME 3.

Au sein d'un antre ténébreux,
Ma voix prononce des oracles,
Et leur effet n'est point douteux ;
Jamais Trophonius ne fit tant de miracles.

Souvent les héros et les rois
Daignent me consulter au fort de leurs exploits.
Mon art, qui n'est pas frivole,
Prodigue à tout venant ses utiles secours.
Aux muets je rends la parole;
Mais je ne puis rien sur les sourds.

M. B. D. L.

ÉNIGME 4.

En un seul mot j'offre une fleur, une île,
Une arme, un fruit, un royaume, une ville.

ÉNIGME 5.

Cinq voyelles, une consonne,
En français composent mon nom,
Et je porte sur ma personne
De quoi l'écrire sans crayon.

VOLTAIRE.

ÉNIGME 6.

Quoique faites pour la lumière,
Nous ne nous montrons que de nuit;
Celle ou celui qui nous conduit,
Doit avoir une main légère,
Et nous diriger de manière
Que l'on ne dise pas de lui
Ce qu'on dit quelquefois d'autrui :
Que toujours de ce qu'il doit faire
Il fait justement le contraire.

S.....

ÉNIGME 7.

Lecteur, je m'annonce avec bruit
Et sans jamais causer d'alarmes;
Pourtant l'effet qui me produit
Fait bien souvent verser des larmes.

Je me répète quelquefois,
Mais toujours dépourvu de grâces,
Et le plus séduisant minois
Fait par moi d'horribles grimaces.
Je fais goûter quelque plaisir,
Un rien comme lui me fait naître,
Et l'instant qui me donne l'être
Tout aussitôt me voit mourir.
Mais il est temps que je finisse ;
Mon récit t'a rendu rêveur.
Courage, allons, mon cher lecteur !
Bon... t'y voilà... Dieu te bénisse.

M. DE BEAUCHESNE.

ÉNIGME 8.

De moi, quand je suis seul, on ne peut faire emploi ;
C'est pour cela qu'on m'associe
Avec certaine compagnie
Dont le plus petit nombre est encor plus que moi.
Je suis pourtant de bonne escorte ;
Par le puissant effet d'un talent singulier,
Avec mes compagnons quand je vais le dernier,
La troupe en est neuf fois plus forte.

ÉNIGME 9.

Je suis ce qu'on peut acheter
Et que l'on ne saurait prêter ;
Ce qu'on se plaît à tourmenter,
Ce qu'on voudrait toujours porter,
Et que le temps fait regretter.

M. le duc DE NIVERNOIS.

ÉNIGME 10.

Nous sommes deux frères jumeaux
Qu'une secrète antipathie
Force à demeurer dos à dos
Sans nous être vus de la vie.

Même vertu, même défaut,
Même humeur en nous se décèle :
Quand je gèle, mon frère a chaud ;
Lorsque j'ai chaud, mon frère gèle.
De bas en haut, de haut en bas
Nous alternons dans notre route :
Lorsqu'il y voit, je n'y vois pas ;
Quand je vois clair, il n'y voit goutte.
Quoique nous soyons bien connus
Sur la terre et même sur l'onde,
Nul mortel ne peut dans le monde
Se vanter de nous avoir vus.

ÉNIGME 11.

Sans moi l'on parvient rarement ;
Je mène au but, mais lentement ;
Je suis la devise du sage :
La jeunesse vive et volage
Trop souvent m'abandonne et toujours s'en repent ;
De moi l'on a besoin en tout temps, à tout âge,
Pour acquérir un beau talent
Et pour finir un grand ouvrage ;
La raison, l'esprit, le courage,
Sans moi sont des dons superflus :
Et seule enfin, j'ai l'avantage
De donner du prix aux vertus.

Madame DE GENLIS.

ÉNIGME 12.

Vous voyez en moi le *plurier*
Du mot latin d'où je dérive,
En quelque nombre qu'on m'écrive,
On doit m'écrire au singulier.
Au reste, j'ai plus d'une allure :
Comique, tragique ou bouffon,

Pour mieux imiter la nature
Je change volontiers de ton ;
La peinture, la poésie,
La mécanique, l'harmonie,
Rivalisent pour mes succès.
Né sous le ciel de l'Italie,
Je suis pourtant si bon Français,
Qu'au sein de la douleur je danse,
Je soupire ou pleure en cadence ;
Et pour maint auteur ennuyeux,
Je sais captiver l'indulgence
Par le seul prestige des yeux.

ÉNIGME 13.

Si je n'ai pas le bonheur de vous plaire,
Lecteur, je n'en suis pas surpris ;
Vous aurez beau dire et beau faire,
Je ne serai jamais de votre avis ;
Même en me renversant, je vous en avertis,
Vous ne me feriez pas changer de caractère.

M. C.....

ÉNIGME 14.

Chacun à tout moment me montre au bout du doigt.

M. JUHEL.

ÉNIGME 15.

Lecteur, quand je te fais affront.
Aussitôt ta plume s'arrête ;
Souvent je fais gratter le front
A ceux qui n'ont rien dans la tête.
Je n'existe pas sans ma sœur ;
A l'esprit nous jouons des niches ;
Et grâce à plus d'un pauvre auteur,
Nous ne sommes pas souvent riches.

ÉNIGME 16.

Je ne suis encor rien, mais à la veille d'être ;
Que ne puis-je à tous ceux qui doivent me connaître
Promettre également des plaisirs assurés !
Trop inutile vœu ! Dès qu'on m'aura vu naître,
Je ferai des heureux et des désespérés.
Tout le monde m'attend, et cependant peut-être
Tel songe à m'employer qui n'en sera pas maître ;
On m'appelle d'un nom que je perds en naissant ;
Mon futur successeur à l'instant s'en empare.
Ainsi, jamais présent, par un destin bizarre,
Mon nom meurt et renaît dans le même moment.

ÉNIGME 17.

De la terre je suis un utile produit,
Et mes nombreux travaux honorent ma patrie ;
On me mange toujours à table avant le fruit,
Et je dus mes succès au feu de mon génie.
Je pare un entremets ou je peins la douleur ;
Je colore un bouillon, j'occupe la pensée ;
J'apaise l'appétit ou je touche le cœur ;
Parfois je suis de feu, parfois je suis glacée.
On me trouve partout, au collége, au salon,
A la cuisine, au bois, en maroquin, ou frite ;
Dans un temple fameux on révère mon nom,
Et je cuis dans une marmite.

ÉNIGME 18.

A Paris, Lisbonne ou Berlin,
Madrid, Pétersbourg ou Turin,
Qu'il est séduisant, mon destin !
De la faveur du souverain
J'y suis un signe bien certain.
Mais dans la ville où Constantin
Transporta l'empire romain,
Où maintenant le Turc hautain,

En légitime suzerain,
Règne, dit-on, de droit divin,
Où, par un subtil tour de main,
Le Grec audacieux et fin
Rentrera quelque beau matin,
Qu'il est horrible mon destin !
Là, sur le soupçon le plus vain
D'un maître ombrageux et chagrin,
D'un trépas injuste et soudain
Je suis l'instrument inhumain.

F. X. G***r.

ÉNIGME 19.

Il est un monde en miniature,
Qui du grand monde est l'abrégé,
Monde magique, où la nature
N'a rien produit, rien arrangé.
Là, le mot est loin de la chose,
L'effet ne tient point à la cause,
Le milieu vient après la fin,
Et juillet arrive avant juin ;
Rien d'ailleurs ne lui manque à cet étrange monde,
Créé quelquefois par un sot.
On y trouve le feu, l'air, et la terre et l'onde,
Esprit et corps, ange et magot,
Plante, fossile, météore ;
On y trouve tout, en un mot,
Et mille autres choses encore.

ÉNIGME 20.

En peu de mots, voici les traits
Auxquels on peut me reconnaître :
J'aime à parler, j'aime à paraître ;
J'aime à prôner ce que je fais ;
J'aime à grossir ce que je sais ;

J'aime à juger, j'aime à promettre ;
J'annonce les plus beaux secrets :
Je n'en ai qu'un, celui de mettre
Tous les sots dans mes intérêts.

ÉNIGME 21.

De la Grèce, lecteur, je tiens mon origine ;
Je suis Grec en un mot, nul n'en pourrait douter,
Puisqu'ainsi mon nom se termine.
Quoi qu'il en soit, à bien compter,
Je n'ai qu'un pied ; il ne faut pas omettre
Que fort souvent il en vaut deux.
C'est ici que tu dois t'attacher à la lettre :
Ne me cherche pas loin, je suis devant tes yeux.

M. F. G***, *de Sédan.*

ÉNIGME 22.

Du mortel qu'en ces vers je trace,
Tâchez de deviner le nom :
C'est un vilain qui, de sa grâce,
Change le Pactole en poison.
C'est un ingrat, une âme basse,
Qui retient son maître en prison.

PANARD.

ÉNIGME 23.

Je suis une cité de charmante structure :
J'ai pourtant contre moi des ennemis si forts
Qu'ils abattent mes murs et leur font mille torts,
Sans avoir de ma part reçu la moindre injure.
On est tenté toujours, en voyant ma figure,
De faire contre moi d'agréables efforts.
Quand mon maître me vend, mes habitants sont morts.
Et comme leur cité, je suis leur sépulture.

M. NAVARRE, *professeur de géographie.*

ÉNIGME 24.

Je ne suis ni feu ni phosphore,
Et cependant je procure le jour :
L'aurore du soleil annonce le retour ;
J'annonce celui de l'aurore.
Par mon secours j'ai plus de mille fois
D'un malheureux terminé l'esclavage ;
Et j'offre à tes yeux une croix,
Pour peu qu'en quatre on me partage.

ÉNIGME 25.

Je suis un joli corps, d'un très-joli volume,
Qui va, revient dans l'air, et sans pied porte plume.

ÉNIGME 26.

Que suis-je, moi, qui toujours t'environne,
Moi, qui, sans cesse, autour de toi bourdonne ?
Tu me sens, tu m'entends, et ne m'as jamais vu.
Tu vas, tu viens, partout je t'accompagne.
Voudrais-tu me saisir ? ce serait temps perdu ;
Tu sors, et sous ta clé tu me crois retenu,
Au même instant je te suis en campagne.
C'est là que librement
Je plane, je m'exerce :
J'y suis doux, caressant ;
J'y brise, j'y renverse.
Je puis te donner le trépas,
Et sans moi tu ne saurais vivre.
Que plus d'un docteur, ici-bas,
Me guette pas à pas,
Et s'obstine à me suivre :
Le malheureux, hélas !
Que prouve son gros livre ?
Il prouve..... il prouve encor qu'il ne me connaît pas.
Je fus, de tous les temps, une énigme en physique,

Et je vois bien enfin qu'il faut que je m'explique.
Je puis me faire entendre. Ecoute, et sois content :
Si je t'échappe, autant en emporte le vent.
Le mot est dit, eh bien ! en es-tu plus savant ?

ÉNIGME 27.

Par la vertu de ma baguette
Je rassemble chez moi les vivants et les morts,
Et je note par étiquette
Leurs noms ainsi que leurs trésors.
Là, par l'orgueil des rangs chaque place est fixée ;
Ils ne sont pas égaux, je ne puis le nier ;
Les grands sont au rez-de-chaussée,
Tandis que les petits logent dans le grenier.
Parlerai-je de leur parure ?
Les uns brillent par la dorure ;
D'autres d'un pauvre habit sont à peine couverts.
Malgré leurs vêtements divers,
Mes hôtes vivent tous en bonne intelligence ;
Et dans leur compagnie il règne un tel silence.
Qu'on entendrait mouche voler.
A ce sage statut aucun d'eux ne déroge,
Et même alors qu'on l'interroge,
Chacun répond sans vous parler.

ÉNIGME 28.

Bien ou mal je fais sur la terre
Travaux de Mars, travaux des champs,
Traités de paix, traités de guerre,
Bisque à Paris, gamelle aux champs.
Je tiens le sceptre et la charrue ;
Ici je guéris, là je tue :
C'est moi qui donne, moi qui prends ;
C'est moi qui retiens, moi qui rends.
De l'humble cabane et du Louvre
Je ferme la porte et je l'ouvre.

Par moi les palais sont bâtis ;
C'est par moi qu'ils sont démolis.
Par moi la vigne fécondée,
Se voit par moi dépossédée
Des trésors dont je l'embellis.
Trop souvent je commets des crimes,
Je fais de très-grands biens aussi.
Je trace les plus belles rimes,
Je broche les vers que voici.

ÉNIGME 29.

Nous sommes tous égaux et nous sommes tous frères.
Toujours en l'air et toujours suspendus ;
Nous sommes des agents par qui sont étendus
Les voiles des plus doux mystères.
Mais pour nous deviner, voici l'essentiel :
Le soleil comme nous est de figure ronde;
Il fait le tour du monde.
Et nous le tour du ciel.

ÉNIGME 30.

Enfant de l'art, enfant de la nature,
Sans prolonger les jours, j'empêche de mourir ;
Plus je suis vrai, plus je fais d'imposture,
Et je deviens trop jeune à force de vieillir.

J.-J. Rousseau.

ÉNIGME 31.

Fille de l'art et mère du silence,
L'empire d'Apollon est mon pays natal :
Inutile au barbon, nécessaire à l'enfance,
Pour un grand bien je fais un peu de mal.
Quoique d'un sexe né pour plaire
Jamais pourtant on ne me fait la cour.
Suis-je maussade? oh ! non ; l'on me trouve, au contraire,

Douce, polie, et surtout faite au tour.
Chef sans soldats, roi sans couronne,
Le maître que je sers commande en souverain;
Un peuple soumis l'environne,
Moitié grec et moitié latin.
Pour moi, quelque nom qu'on me donne,
Arbitre des honneurs qu'on rend à sa personne,
J'ai l'air d'un sceptre dans sa main.

ÉNIGME 32.

Je blanchis,
Je noircis,
J'embellis,
J'enlaidis
Je salis,
J'éclaircis,
Je détruis,
Je guéris.

M. T...E., *de Rochefort.*

ÉNIGME 33.

Nous sommes bien des sœurs à peu près du même âge,
Dans des rangs différents, mais d'un semblable usage.
Nous avons en naissant un palais pour maison,
Qu'on pourrait mieux nommer une étroite prison :
Il faut nous y forcer pour que quelqu'une en sorte,
Quoique cent fois le jour on nous ouvre la porte.

ÉNIGME 34.

Je donne en dix à deviner
Au plus expert en ce manége
Un champ qu'on ne peut moissonner
Que lorsqu'il est couvert de neige.

M. C...

ÉNIGME 35.

On voit en l'air une maison
Qui peut passer pour labyrinthe,
Où ceux qui cheminent sans crainte
Sont arrêtés en trahison.
C'est une fatale prison,
Un lieu de gêne et de contrainte,
Où leur pauvre vie est éteinte
Par un monstre plein de poison ;
Sa malice est ingénieuse,
Et de Vulcain la main fameuse
Dresse des piéges moins subtils ;
Son art de bâtir est extrême,
Et sa matière et ses outils
Se rencontrent tous en lui-même.

M. l'abbé Le Dru.

ÉNIGME 36.

Image naïve du temps,
Que rien n'arrête et ne devance,
Bien différent des courtisans,
C'est en reculant que j'avance.

M. Bucquet.

ÉNIGME 37.

Astre des grands et des petits,
D'ordinaire je ne me lève
Que quand l'astre commun se couche chez Thétis :
Mon règne commence et s'achève
Au gré de ceux pour qui je luis.
Si quelquefois je souffre quelque éclipse,
J'en sors soudain plus éclairci.
Vous me cherchez bien loin, peut-être suis-je ici ;
Je puis éclairer tout jusqu'à l'Apocalypse,
Je puis bien m'éclairer aussi.

Houdard de la Mothe.

ENIGME 38.

De filer le produit de ma riche semence
Le secret, par Isis, aux mortels fut donné ;
Je naquis, dit l'histoire, aux bords d'un fleuve immense,
Dont le nom mémorable est mon nom retourné.

ÉNIGME 39.

La pauvreté m'enorgueillit,
Pauvre je me redresse ;
Et quand la fortune me rit,
Opulent je m'abaisse.
Mes cheveux couvrent mon trésor
Dans leur verte jeunesse ;
Dès qu'ils deviennent couleur d'or
Ils tombent de vieillesse.
Vos aïeux, en vrais étourdis,
Ont causé leur misère,
Pour avoir dépouille jadis
Mon oncle ou mon grand-père.

ENIGME 40.

Avec un guide impitoyable,
Je parcours les monts chevelus,
Où je poursuis un monstre, aux humains redoutable ;
C'est aux jeunes taillis que je chasse le plus,
Et souvent j'y vais faire un carnage effroyable
De ces monstres cruels, sous mes dents abattus.

Houdard de La Motte.

ÉNIGME 41.

Sur quatre pieds je vous présente
Un petit mot à triple entente.
Voulez-vous, sans beaucoup d'efforts,
Me deviner ? il suffit que je dise

Qu'on me voit, sous les trois rapports,
A la pointe du jour, en Champagne, à l'église.

ÉNIGME 42.

Je présente sur ma surface
Le chaud, le froid, la poussière et la glace,
Le bruit, le calme et le deuil et les ris,
Le beau monde et la populace.
Je me dépouille et refleuris.
Tantôt j'occupe un large espace,
Et tantôt je me rétrécis ;
Je ne change jamais de place,
Et je fais le tour de Paris.

ÉNIGME 43.

J'ai mes camps, mes soldats,
J'ai mes ennemis à combattre ;
Quelquefois je les bats,
Quelquefois je me laisse battre.
J'ai de bons généraux,
J'en ai qui ne sont pas habiles;
Mais souvent les plus sots
Ne me sont pas les moins utiles :
Je marche, j'attaque et prends feu...
Ne tremblez pas, tout ceci n'est qu'un jeu.

ÉNIGME 44.

Je suis l'enfant et le roi de la terre,
Autrefois j'ai servi le maître du tonnerre ;
Mais de mille attributs que j'ai,
Celui-ci peut suffire à me faire connaître :
Tant que chez mon patron je demeure engagé,
Je lui suis inutile et dangereux peut-être ;
Je ne rends service à mon maître,
Que quand j'en reçois mon congé.

HOUDARD DE LA MOTHE.

ÉNIGME 45.

J'habite dans les airs sans user de mes ailes ;
Il est d'importantes nouvelles
Dont c'est à moi de décider :
Qu'on vienne me les demander,
Je rends, quoique sans voix, des réponses fidèles ;
Mais pour m'entendre il faut me regarder.

ÉNIGME 46.

Je sers et j'ai servi toujours
A l'être qui rugit, à l'être qui raisonne ;
J'annonce la nuit et le jour :
Car sans moi le soleil n'eût éclairé personne.
Ami lecteur, devine-moi.....
Je marchais devant les apôtres.
Si tu peux me voir chez les autres,
C'est preuve que je suis chez toi.

A***.

ÉNIGME 47.

Souvent je change de nature,
Et mon usage est assez singulier
Tantôt je sers au cavalier,
Tantôt je nourris sa monture.
De légumes, parfois, je me compose aussi :
A mon sujet, maint étourdi,
Sans réfléchir, cherche dispute :
Alors il faut en venir sur le pré ;
Alors, pour se tirer sain et sauf de la lutte,
Heureux qui me porte à son gré !

ÉNIGME 48.

C'est sur la vanité que mon pouvoir se fonde :
La beauté me chérit, et me cherche en tous lieux.
Si je n'existais pas, il n'est personne au monde
Qui pût voir à son gré ce qu'il aime le mieux.

PANARD.

ÉNIGME 49.

Les visages par moi se trouvent embellis ;
J'entretiens sur le teint et la blancheur des lis,
Et l'incarnat des roses.
De l'esprit et du corps je me vois le soutien ;
Et ceux qui ne m'ont pas n'ont rien,
Quand même ils auraient toutes choses.

M. L. C. D. F. J.

ÉNIGME 50.

Un pied de ma longueur
Est la juste mesure ;
Il l'est aussi de ma largeur :
Cependant du carré je n'ai point la figure.

ÉNIGME 51.

Je fus demain, je serai hier.

FONTENELLE.

ÉNIGME 52.

Devine-moi, car j'en suis digne :
Je me cache lorsque je sers ;
C'est presque toujours dans les vers,
Et l'on me trouve à chaque ligne.

M. CH. BOURGEOIS.

ÉNIGME 53.

Je suis petit, petit, n'allant pas jusqu'à l'once ;
On me rencontre à chaque pas ;
J'ai tout vu, j'ai tout fait, mais souvent ce n'est pas ;
Et tel qui l'assure et l'annonce
Se trouverait dans l'embarras,
Si tu lui montrais pour réponse
Mes pieds en haut, ma tête en bas.

ÉNIGME 54.

Je suis, je ne suis plus, j'étais, et je vais être ;
Veut-on me retenir, je suis mort pour jamais,
Mais pour jamais aussi je suis prêt à renaître ;
Je meurs toujours, toujours je nais.

ÉNIGME 55.

Ma mer n'eut jamais d'eau ; mes champs sont infertiles.
Je n'ai point de maison, et j'ai de grandes villes.
Je réduis en un point mille ouvrages divers.
Je ne suis presque rien, et je suis l'univers.

ÉNIGME 56.

Je suis, mon cher lecteur, tout au bout de ta main ;
Je commence la nuit et je finis demain.

ÉNIGME 57.

Je suis la merveille du monde.
Les plus rares beautés, les plus riches trésors,
S'étalent dans mon vaste corps,
Où tout bien et tout mal abonde.
J'ai par toute la terre un célèbre renom,
Des petits et des grands mon sein est le refuge.
Devinez qui je suis : l'on me donne le nom
D'un berger, d'un prince et d'un juge.

ÉNIGME 58.

Dans le champ du dieu Mars on connaît ma valeur ;
Je suis inanimée et j'anime à la gloire ;
Je fais dans les combats voler à la victoire ;
Et souvent d'un vaincu ma voix fit un vainqueur.

M. Bouvet.

ENIGME 59.

On m'a souvent pour une obole ;
J'exige des soins assidus :
Si l'on me perd, on se désole.
Si l'on me gagne, on ne m'a plus.

ÉNIGME 60.

Depuis que je suis née on me voit sans repos
Toujours renouveler ma course vagabonde,
Et celui qui me fit en prononçant deux mots
M'obligea de courir jusqu'à la fin du monde.

ÉNIGME 61.

D'un père lumineux je reçois la naissance,
Et tends toujours à monter vers les cieux.
Souvent je manque à l'indigence,
Et fais pleurer les plus heureux.
Souvent aussi l'ambitieux
N'obtient que moi pour récompense.

ÉNIGME 62.

Je suis de bizarre figure,
Sans pieds, sans mains, courbé, bossu,
Et je dois beaucoup plus à l'art qu'à la nature
L'honneur d'être partout reçu.
Je rends le cœur sensible et tendre,
J'émeus les passions ; je charme les ennuis ;
Je parle tout mort que je suis ;
Mais on aurait peine à m'entendre,
Ou je m'expliquerais très-mal
Sans le secours d'un animal.

ÉNIGME 63.

Quel est cet animal? sa marche est singulière ;
Il va sur quatre pieds lors du soleil levant,
Sur deux à son midi, sur trois à son couchant.
Devine, ou de tes jours je finis la carrière.

M. Valant.

ÉNIGME 64.

Employez, gens d'esprit, ici votre savoir :
Qu'est-ce? Sans hésiter pour résoudre ce doute,
Qu'au plus clair du midi nos yeux ne peuvent voir,
Et que nous voyons bien quand nous ne voyons goutte?

ÉNIGME 65.

Des choses d'ici-bas ôtez la moindre chose,
La diminution y paraît à l'instant ;
Mais autrement de moi la nature dispose,
Car plus vous en ôtez et plus je deviens grand.

ÉNIGME 66.

Ma figure est plaine et montagne,
Et sur l'un et l'autre horizon
Tous mes matériaux croissent à la campagne,
Pour devenir, par l'art, le toit d'une maison,
Mais maison d'une étrange espèce,
Où loge une immortelle hôtesse
Qui me fait en toute saison
Servir à sa fierté comme à sa politesse.
Souvent assujetti sous les plus viles lois,
J'ai pour maître un valet, un rustre ;
Mais en revanche quelquefois,
Tout éclatant d'un nouveau lustre,
Je fais un prince d'un bourgeois.

Houdard de la Mothe.

ÉNIGME 67.

Je suis en fonctions plus élevé qu'aucun,
Mais sans ambition, sans espoir qui la fonde ;
Avec l'air brusque et fier, j'obéis à chacun ;
Et pourtant c'est bien moi qui mène tout le monde.

ÉNIGME 68.

Si j'ai ma tête avec mon cou,
Je ne suis qu'un cou sans mon cou ;
Dans le bois j'entre avec mon cou,
Et je sors d'un tronc sans mon cou ;
De fer, de cuivre avec mon cou,
Mais de chair et d'os sans mon cou,
J'assujettis avec mon cou,
Et suis sous un chef sans mon cou ;
Sous mille pieds avec mon cou,
Sur mille épaules sans mon cou ;
Comme on me frappe avec mon cou,
L'on me caresse sans mon cou.

Mademoiselle NIC...COURT.

ÉNIGME 69.

Lecteur, je suis un objet creux
Que l'on peut diviser en deux :
Le haut renferme un corps qui nous vient d'une bête :
Par lui-même il ne pourrait rien ;
Mais dans le bas plongeant sa tête,
Il dit ou du mal ou du bien.

M. GOUIN (*de Fougères*).

ÉNIGME 70.

Je porte le nom du séjour
Le plus riche de ceux où Plutus tient sa cour.

C'est le doux printemps qui fait naître
Les mets dont j'aime à me repaître.
L'été, l'automne aussi me donnent des repas :
C'est pourquoi ces saisons ont pour moi des appas.
Mais avec soin toujours au froid je me dérobe ;
Tel que cet ancien, qui, couvert d'un manteau,
Dit : *Omnia mecum porto.*
Partout où l'on me voit sur ce terrestre globe,
Je porte avec moi mon berceau,
Mon palais, et ma garde-robe,
Mes magasins et mon tombeau.

PANARD.

ÉNIGME 71.

Pétillant et plein de chaleur,
Rarement avec moi l'on dort ou l'on s'ennuie ;
Je guéris la mauvaise humeur,
J'affaiblis la mélancolie.
En Europe, en Asie, on vante ma vertu ;
Autant que moi jamais étranger n'a su plaire ;
On m'accueille en tous lieux, et je suis devenu
Un superflu fort nécessaire.

Madame DE GENLIS.

ÉNIGME 72.

En honorant les morts, instruire les mortels,
C'est et ce fut toujours ma triste destinée ;
Tantôt simple, tantôt ornée,
Dans l'église, aux pieds des autels,
J'annonce qui tu fus et que tu cessas d'être.
Partout où l'on me voit paraître
Je suis compagne du cercueil ;
Enfin je dois mon existence
Parfois à la reconnaissance,
Rarement au mérite, et souvent à l'orgueil.

ÉNIGME 73.

(Traduction de l'Allemand.)

Qu'est-ce que Dieu ne voit jamais,
Et qu'un chrétien voit à la messe ?
Devinez, et je vous promets,
Lecteur, un merle blanc dont j'ai créé l'espèce.

Mademoiselle ***.

ÉNIGME 74.

Je suis un coursier d'Angleterre,
Plus vigoureux, plus fort de reins
Que la jument des quatre paladins
Qui les portait tous quatre en guerre.
Je bois souvent sans nul besoin ;
Mais je fais mainte et mainte lieue
Sans manger avoine ni foin.
On me ferre, on me frotte, on m'équipe avec soin,
Et l'on me bride par la queue.

ÉNIGME 75.

D'un berger de Juda j'illustrai le courage,
Il fut par moi l'espoir d'un trône chancelant ;
Et vingt siècles plus tard, sur un autre rivage,
Mon nom fit chanceler un empire puissant.

P. C. D.

FIN.

TABLE.

CHARADES.

1. Bonbon.
2. Pinson.
3. Fougueux.
4. Râteau.
5. Fardeau.
6. Passage.
7. Château.
8. Moulin.
9. Portefeuille.
10. Merveille.
11. Vertige.
12. Murmure.
13. Lapin.
14. Critique.
15. Hameau.
16. Préjugé.
17. Beaucoup.
18. Charpie.
19. Prénom.
20. Démarche.
21. Chardon.
22. Chercher.
23. Succès.
24. Serpenteau.
25. Charbon.
26. Miracle.
27. Plateau.
28. Drapeau.
29. Gaillard.
30. Passion.
31. Verbal.
32. Cochinchine.
33. Préface.
34. Univers.
35. Début.
36. Charrue.
37. Abricotier.
38. Chardonneret.
39. Coucou.
40. Epigramme.
41. Démon.
42. Ballon.
43. Courage.
44. Théâtre.
45. Orange.
46. Compassion.
47. Sansonnet.
48. La Harpe.
49. Travers.
50. Colloque.

LOGOGRIPHES.

1. ARMOIRE,—*moire*.
2. ROC,—*cor*, *or*.
3. DRAME,—*rame*, *dame*, *âme*.
4. DÉLIRE,—*lyre*, *ire*, *e*.
5. CLOVIS,—ou cent cinquante exprimés par CL, rien par O ou *zéro*, six par VI, et où se trouve la lettre S.
6. PIE (oiseau), — *S. Pie*, *pie* (synonyme de pieuse), *Pie* (pape régnant).

7. TRÈVE,—*rêve, Ève.*
8. BROCHET,—*rochet, broche, roche.*
9. HYMEN,—*hymne.*
10. TAPISSERIE, — *pâtisserie.*
11. OUF,—*fou.*
12. CAPRE.
13. FLAMBEAU,—*lambeau.*
14. BOEUF,—*œuf.*
15. PATISSIER, — *as, pas, Pie, are, air, Apis, Iris, Asie, tapis, tiare, Paris, Pâris, pairie, patrie, pirate, tapissier.*
16. JOIE,—*oie.*
17. CORDON.—*cor, don.*
18. MALHEUREUX, — *heureux.*
19. BOISSEAU, — où l'on trouve *oiseau*. Les trois voyelles à la nage sont *oie*, dont la plume sert à faire des lits.
20. TOUT.
21. CHAIRE,—*haire aire, ire, re,* E.
22. CAGE, — dans lequel on trouve, en ajoutant tour à tour les lettres indiquées, *gage, mage, nage, page, rage, sage, Tage.*
23. MOUTARDE,—*outarde.*
24. TORT,—*or.*
25. BRONZE, — *or, zône, zéro, onze, bonze, bon, borne.*
26. NÉRAC, —*écran, ancre, nacre, crâne.*
27. LIVRE,—*ivre.*
28. CHIEN, —*niche, Chine.*
29. TROUPEAU, — *troupe, trope, peau, âtre, roue, trou, eau, or.*
30. TÊTE-A-TÊTE.
31. EMAIL,—*mail, ail, il,* L (chiffre romain qui exprime cinquante).
32. AMOR,—*Roma, Maro, Omar.*
33. ORME,—*Rome, or, me, mer.*
34. BROSSE, — *rosse, rose, ose* et la lettre E.
35. ZÉRO.
36. TÊTE,—(en latin *caput*).
37. PERSE,-*serpe, Perse*(la).
38. HIVER,—*hier.*
39. PORT,—*trop.*
40. MURE.
41. ROCHER,—*roche, roc.*
42. VERRE,—*ver, rêve.*
43. SPECTRE,—*sceptre.*
44. MODE,—*ode.*
45. FLAMME,—*lame.*
46. MARBRE,—*arbre.*
47. MARI,—*ami.*
48. ORGUEIL,—*orgue, or.*
49. ANGLETERRE, — *angle, terre.*
50. LUCIFER,—*if, feu, fer, lie, cire.*
51. PEIGNOIR, — *ire, pin, pigeon, Pô, Ger,* (bourg de Normandie), *poire, orge, région, roi, Orne.*
52. La ville d'ORANGE, — *Oran, or, ange, orge, Garone.*

ÉNIGMES.

1. Le parterre de la comédie.
2. Hier.
3. Souffleur de spectacle.
4. Grenade.
5. Oiseau.
6. Mouchettes.
7 Éternument.
8. Zéro.
9. Les cheveux.
10. Les deux pôles.
11. Persévérance.
12. Opéra.
13. Non.
14. Ongle.
15. Rime.
16. Demain.
17. Racine.
18. Cordon.
19. Dictionnaire.
20. Charlatans.
21. La lettre v.
22. L'avare.
23. Pâté.
24. Fenêtre.
25. Volant.
26. Vent.
27. Bibliothèque.
28. Main.
29. Anneaux de rideaux de lit.
30. Portrait.
31. Férule.
32. Poudre.
33. Les dents.
34. Menton.
35. Araignée.
36. Cordier.
37. Chandelle.
38. Lin.
39. Pommier.
40. Peigne.
41. Aube, rivière de Champagne, vêtement sacerdotal, point du jour.
42. Boulevart.
43. Le jeu des échecs.
44. Or.
45. Le coq-girouette.
46. Œil.
47. Botte.
48. Miroir.
49. La santé.
50. Soulier.
51. Montre.
52. Hameçon.
53. La particule On.
54. Le temps.
55. Mappemonde.
56. La lettre n.
57. Paris.
58. Trompette.
59. Procès.
60. Rivière.
61. Fumée.
62. Violon.
63. L'homme.
64. Ténèbres.
65. Trou.
66. Chapeau.
67 Cocher.
68. Clou.
69. Écritoire.
70. Limas ou limaçon.
71. Café.
72. Épitaphe.
73.
74. Paquebot.
75. Fronde.

Paris.— Imp. Bonaventure et Ducessois, 55, q. des Grands-Augustins.

Bibliothèque de la Maîtresse de Maison.

LE LIVRE DE LA DANSE.
LE LIVRE DU SAVOIR-VIVRE
LE LIVRE DE LA CUISINE SIMPLIFIÉE.
LE LIVRE DE LA LINGERE.
LE LIVRE DE LA PATISSERIE SIMPLIFIÉE.
LE LIVRE DE LA PARFAITE COUTURIERE.
LE LIVRE DE LA BLANCHISSERIE EN FIN.
LE LIVRE DU TRICOT.
LE LIVRE DE LA PARFAITE MODISTE.
LE LIVRE DES FLEURS EN PAPIER.
LE LIVRE DE LA PARFAITE GLACIÈRE.
LE LIVRE DU CROCHET.
LE LIVRE DE LA DENTELLIÈRE.
LE LIVRE DE LA PIANISTE.
LE LIVRE DE L'ART DU CHANT.
LE LIVRE DE LA TOILETTE.
LE LIVRE DU JARDINAGE.
LE LIVRE DE LA VOLIERE.
LE LIVRE DE LA GYMNASTIQUE ET DE L'HYGIÈNE.
LE LIVRE DE LA MÉDECINE DOMESTIQUE.
LE LIVRE DU FILET.
LE LIVRE DE LA PARFUMERIE DE FAMILLE.
LE LIVRE DES ENFANTS.
LE LIVRE DE LA BRODERIE.
LE LIVRE DES DEVOTIONS DE L'ANNÉE.
LE LIVRE DES JEUX DE SALON.
LE LIVRE DE LA COMPTABILITE DES MENAGES.
LE LIVRE DES CONSERVES ET CONFITURES.
LE LIVRE DE L'AMAZONE ET DE LA SCIENCE ÉQUESTRE
LE LIVRE DES SAINTES.
LE LIVRE DES DEVOIRS.
LE LIVRE DES RECETTES UTILES.
LE LIVRE DES BAINS ET DE LA NATATION.
LE LIVRE DES JEUX D'ESPRIT.
LE LIVRE DES OUVRAGES EN PERLES.
LE LIVRE DU DEGRAISSAGE RENDU FACILE.
LE LIVRE DES CHEFS-D'OEUVRE POETIQUES DES DAMES.
LE LIVRE DE REGLES DE JEUX DE CARTES.
LE LIVRE DES DAMES, ECHECS, TRIC-TRAC, ETC.
LE LIVRE DES PENSEES ET MAXIMES.
LE LIVRE DES PLAISIRS ET RECREATIONS.
LE LIVRE DE LA VOYAGEUSE.
LE LIVRE DU CELLIER ET DE LA CONSERVATION DES VINS.
LE LIVRE DE LA COIFFURE.
LE LIVRE DES DOMESTIQUES.
LE LIVRE DES CLASSIQUES DE LA TABLE,
LE LIVRE DU VERGER ET DES FRUITS.
LE LIVRE DE LA BASSE-COUR.
LE LIVRE DE LA CULTURE DES FLEURS.
LE LIVRE DES FÊTES DE LA FAMILLE.

CHAQUE OUVRAGE SE VEND SÉPARÉMENT.

...rie Bonaventure et Ducessois, 55, quai des Augustins.

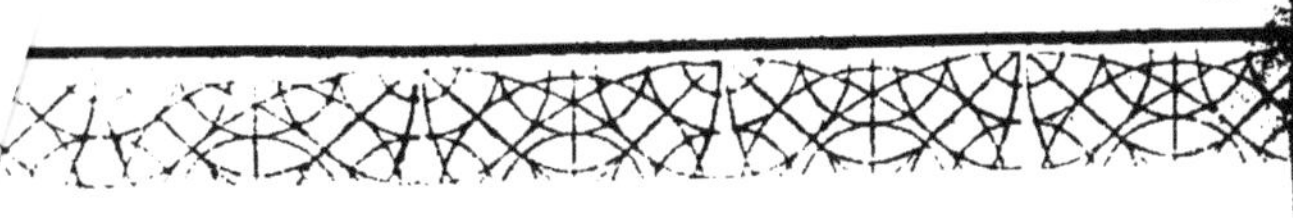

www.ingramcontent.com/pod-product-compliance
Ingram Content Group UK Ltd.
Pitfield, Milton Keynes, MK11 3LW, UK
UKHW020957180726
13838UKWH00003B/1372